W0297690

GOLDMANN
Lesen erleben

Buch

Klein zu sein kann oft genug nerven, doch Becky Murphy zeigt, dass die Vorteile eindeutig überwiegen. In ihrem charmant illustrierten Buch »Kleinsein ist das Größte« listet sie 100 Dinge auf, die das Leben unter 1,65 Meter einfach wunderbar machen: Man muss bei Umzügen nie die schweren Sachen tragen, kann bei Konzerten immer ganz vorn stehen, passt noch in Baumhäuser und darf trotzdem schon zu Cocktailpartys. Liebeserklärung und Mutmachbuch für alle kleinen Leute - witzig, originell, inspirierend!

Autorin

Becky Murphy ist freiberufliche Illustratorin, Grafikdesigerin und Autorin. Sie ist 1,52 Meter groß und lebt in Austin, Texas.

Mehr unter: www.chipperthings.com

Becky Murphy

Kleinsein ist das Größte

100 Gründe, warum es toll ist,
klein zu sein

GOLDMANN

Dieses Buch ist bereits unter der Titelnr. 17477 im Goldmann Verlag erschienen.
Die amerikanische Originalausgabe erschien 2013 unter dem Titel
»I'd Rather Be Short« bei Plume, New York.

Dieses Buch ist auch als E-Book erhältlich.

MIX
Papier aus verantwortungsvollen Quellen
FSC® C014496

Verlagsgruppe Random House FSC® N001967

1. Auflage
Vollständige Taschenbuchausgabe Mai 2018

Published by arrangement with Plume, a member of Penguin Group LLC,
a Penguin Random House Company
Illustrationen: Becky Murphy
Umschlaggestaltung: Uno Werbeagentur, München
Umschlagmotiv: Rebecca Murphy
Übersetzung: Karin Weber
Satz: Uhl + Massopust, Aalen
Druck und Bindung: GGP Media, Pößneck
KW · Herstellung: IH
Printed in Germany
ISBN 978-3-442-17757-8
www.goldmann-verlag.de

Besuchen Sie den Goldmann Verlag im Netz:

Für dich!

(Und für meine Eltern)

Vorwort

Hallo, Kleines!

Ich bin froh, dass wir einander gefunden haben. Herzlich willkommen zur größten kleinen Hall-of-Fame-Liste. Ich nehme mal an, du hast dieses Buch nicht in der Hand, weil du eine Kreuzworträtsel-Obsession hast, oder weil du auf der Suche nach einer bebilderten Biographie von Queen Elizabeth II. warst. Ich vermute eher, es hat etwas damit zu tun, dass der Buchtitel zu deiner Körpergröße passt. In dem Fall bist du hier absolut richtig.

Falls du erst einmal ein Regal erklimmen musstest, um an dieses Buch zu kommen, verstehe ich deine Lage ganz und gar: Ich bin nämlich nur 1,52 Meter (an einem guten Tag). Meine Haare haben allerdings das Potential für mindestens 1,67 Meter. Und dann gibt es ja auch noch diese Schuhe, die einen wie eine Manga-Figur aussehen lassen (Plateau, Leute!). Genauso groß zu sein wie ein Fünftklässler ist oft fantastisch: Ich passe in ihre günstigen Klamotten, obwohl ich schon alt genug dafür bin, selber mit dem Auto an interessante Orte zu fahren wie zum Beispiel das Büro. Keiner erwartet von mir, den Ventilator zu reinigen oder die Glühbirnen der Deckenlampen auszuwechseln, und ich kann mich bei einem Konzert ohne Probleme in die erste Reihe schmuggeln. Aber, um ganz ehrlich zu sein, fand ich es nicht immer gut, klein zu sein. Ich wusste, das war nicht richtig, aber ich fühlte mich irgendwie als Außenseiter, wenn völlig Fremde erst einmal auf meine Größe hinwiesen, bevor sie überhaupt meinen Namen kannten. (Ich bin aber froh, dass sie sich diese Last gleich von der Seele redeten. Was, wenn ich es gar nie erfahren hätte? Was, wenn ich durch die Welt stolziert wäre, als wäre ich ein... ein... langbeiniges Supermodel?) Ich muss mich also bei all den Zufallsbekanntschaften bedanken, die mir so über den Weg gelaufen sind. Denn sie haben mich überhaupt erst dazu gebracht, all die wunderbaren Gründe aufzuschreiben, auf die wir stolz sein können. Und wenn sogar schlecht gelaunte Dinosaurier und Einhörner eigene Bücher bekommen, dann haben die kleinen Menschen dieser Welt ja wohl auch eins verdient.

Kleinsein ist das Größte ist genau das, wonach es klingt – die Mut machende und selbstbewusste Aufzählung all der tollen Vorteile einer geringen Körpergröße. Diese kleine (tada!) Sammlung enthält die offensichtlichen (Du gewinnst jeden Limbo-Wettbewerb) und die etwas subtileren (Du wirkst weniger einschüchternd) Gründe, die das Leben unter 1,65 Meter so schön machen. Du hast bestimmt längst bemerkt, dass du bei Hahnenkämpfen einfach der Champ bist oder dass du dich nie ducken musst, um unter die Dusche zu passen. Aber hast du auch gewusst, dass 80 Prozent deiner kleinen Vergehen nicht einmal den gesetzestreuesten Mitbürgern auffallen? (Ist übrigens sogar wissenschaftlich nachgewiesen.) Vielleicht sind dir die Vorteile deiner Körpergröße bisher auch noch gar nicht aufgefallen, weil du es schlicht nicht anders kennst. Das macht auch gar nichts. Worauf es ankommt, ist, dass dir Folgendes klar wird: Klein ist gut, und es gibt mindestens so viele Gründe, die das beweisen, wie es Départements in Frankreich gibt.

Dieses Buch lebt vom Prinzip der Selbstakzeptanz. Denn je früher wir mit uns selbst zufrieden sind, desto schneller können wir uns darum kümmern, das Beste aus unseren Vorzügen zu machen und die schönen Seiten des Lebens zu genießen. Die manchmal etwas komischen, meist charmanten Zeichnungen sind zunächst einmal etwas fürs Auge, doch ich hoffe, sie finden auch den Weg in dein Herz. (Wenn die Mutter-Teresa-Seite da nicht hilft, versuch die mit Shakespeare. Wenn auch die nicht wirkt, kann man dir wirklich nicht helfen).

Sollte dein Selbstbewusstsein noch nicht so hoch sein wie der Machu Picchu, wird es das ganz bestimmt nach der Lektüre dieses Buchs sein. Zumindest hast du nun eine nützliche Liste mit schlagfertigen Antworten, wenn das nächste Mal ein durchschnittlich großer Mensch in deiner Nähe sagt: »Du bist so klein, ich könnte dich glatt in meine Jackentasche stecken!« oder: »Ich nenn dich

Klein [Name]«, oder: »Neben dir komme sogar ich mir groß vor!« oder: »Du bist wirklich eine super Armstütze!« Diese superschlauen Bohnenstangen haben keine Ahnung, was noch auf sie zukommt.

Wir kleinen Menschen müssen zusammenhalten und uns gegenseitig unterstützen. Und das fängt damit an, dieses Buch unter die Leute zu bringen. Am besten du verschenkst es an alle deine Freunde, die unter 1,65 Meter groß sind. Mein Verlag rät außerdem dringend dazu, ein Ersatzbuch im Handschuhfach aufzubewahren – für alle Fälle.

Ich finde, wir sollten unbedingt dafür sorgen, dass Kleinsein so normal, so beliebt, so wünschenswert ist, dass Besucher von einem anderen Planeten eines Tages sagen werden, wenn sie sich unsere Zivilisation ansehen: »Wie kommen diese kleinen Menschen nur mit solcher Prahlerei durch? Das ist ja noch schlimmer als die netten Omas, die Portemonnaies klauen.«

Kleine große Grüße

1. Auch ein Einzelbett wird für dich zur königlichen Ruhestätte.

2. Kein Absatz ist zu hoch.

3. Du wirst nie zu groß für Baumhäuser.

4. Shoppen in der Kinderabteilung – vergrößert die Auswahl ungemein und spart auch noch Geld.

5. Du wirst durch die Luft gewirbelt …

MITTEN AUF DER TANZFLÄCHE.

6. Du bist einfach etwas Besonderes –
so wie Diamanten, Albinos oder Steiff-Stofftiere.

7. Du bist unbesiegbar beim Limbo.

8. Es passiert dir viel seltener,
dass du Mundgeruch ertragen musst.

9. Dein Gesicht wird auf Gruppenfotos nie abgeschnitten – denn du bist immer ganz vorn.

10. Du musst nie den Regenschirm halten.

11. Bei Umzügen musst du nie die schweren Sachen tragen.

12. Du bist ein pflegeleichter Übernachtungsgast:
Ein Sofa genügt dir völlig.

13. Du musst beim Yoga weniger dehnen.

14. Wenn du einen kräftigen Händedruck hast, sind die Leute positiv überrascht. So kommst du gleich als Draufgänger rüber.

15. Du darfst viel öfter auf dem Schoß
von anderen sitzen als umgekehrt.

16. Es ist viel unwahrscheinlicher,
dass dich irgendwelche Geschosse treffen.

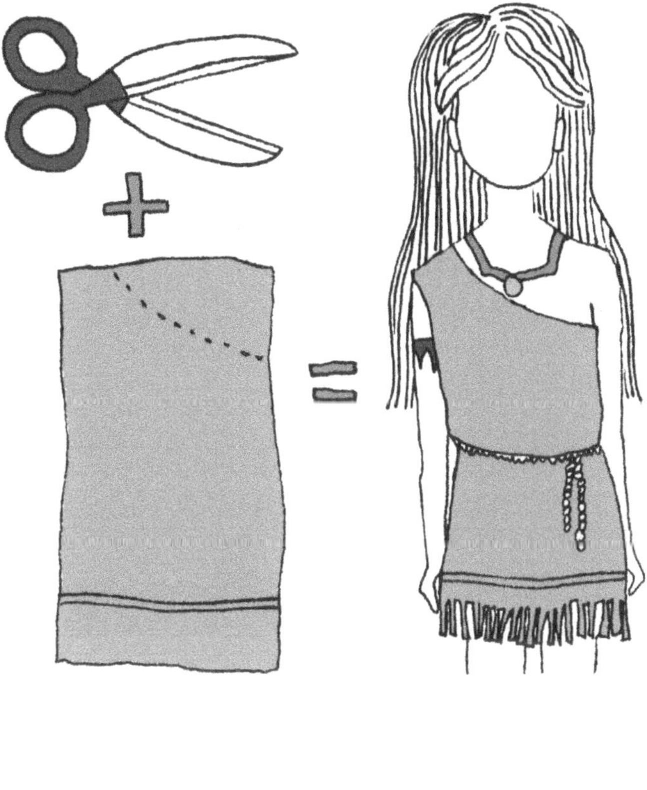

17. Du kannst ganz leicht aus einem Kissenbezug ein Kostüm machen.

18. Shorts sehen an dir immer gut aus,
ganz egal zu welchem Anlass.

19. Du bekommst die beim Waschen eingegangenen Sachen deiner Freunde.

20. Aus dem Blickwinkel aller anderen hast du nie ein Doppelkinn.

21. Du bist in etlichen Sportarten einfach großartig.

22. Dank des Verhältnisses von Haarlänge zu Körpergröße hast du im Nu eine Haarpracht wie eine Meerjungfrau.

23. Du wirst einmal eine supersüße Oma.

24. Du wirkst weniger einschüchternd ... wenn du willst.

25. Je kleiner du bist, desto weicher fällst du.

26. Du wirst nie diejenige sein,
die den Whirlpool zum Überlaufen bringt.

27. Deine Größe lädt zum Sessel-Teilen ein.

28. Du bist fantastisch beim Versteckspiel.

29. Es ist viel wahrscheinlicher, dass du nach Hause getragen wirst, wenn du müde bist.

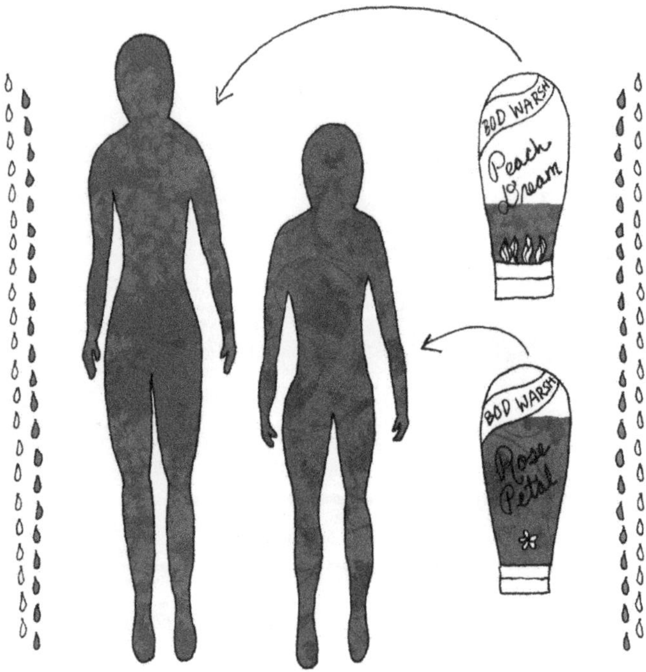

30. Du sparst dir viel Geld für Duschgel.

31. Du bist ein super Kandidat
für eine herzliche Umarmung.

32. Bestimmte Aufgaben werden einfach nicht von dir verlangt.

33. Du bietest eine viel kleinere Angriffsfläche.

34. Du wirst von deinen größeren Freunden auf Dachböden, Bäume oder zu Fenstern hochgehoben.

35. Weil du nicht so bedrohlich aussiehst,
musst du dich nie gegen Tiere verteidigen.

36. Du bist immer »einen Schritt weiter«.

37. Planschbecken sind wie gemacht für dich.

38. Du stehst in einer Reihe mit so tollen Frauen wie Amy Poehler, Dolly Parton, Natalie Portman und Salma Hayek.

39. Du bekommst das Beste aus beiden Welten:
Kindermenüs und Cocktailpartys.

40. Du musst dich nicht vor Ästen ducken,
wenn du mit deinem Pony durch den Wald reitest.

41. Du gibst dem Mann an deiner Seite das Gefühl, größer zu sein, als er eigentlich ist.

42. Es ist schwerer, dich beim Reiterkampf runterzustoßen.

43. Gefälschte Studien beweisen:
Je kleiner du bist, desto seltener bekommst du einen Strafzettel wegen zu schnellem Fahren.

44. Du kannst immer sagen, dass du leider nicht gegen den Schwergewichtsweltmeister antreten kannst wegen zu geringer Reichweite.

45. Du brauchst weniger Zeit, um deine Beine zu rasieren.

46. Bei einem Feuer oder einem Bärenangriff kannst du viel leichter durch ein Fenster entkommen.

47. Dein tiefer liegender Körperschwerpunkt sorgt für ein besseres Gleichgewichtsgefühl.

48. Röcke können Kleider sein, und Kleider Röcke.

49. Es ist viel einfacher, in einer Menge zu verschwinden, wenn du verfolgt wirst.

50. Du kannst im Flugzeug unter den Gepäckfächern stehen und musst nicht einmal den Kopf einziehen.

51. Essensportionen erscheinen größer.

52. Man kann gar nicht oft genug betonen, wie wertvoll es ist, überall Platz zu haben.

53. Konzertbesucher machen keinen Ärger,
wenn du dich in die erste Reihe mogelst.

54. Du bist immer das kleine Löffelchen.

Gar keine Frage.

55. Ein Wäschekorb kann für dich ein Schlitten sein.

56. Es ist viel billiger und geht auch noch schneller, deine eigenen Kleider zu nähen.

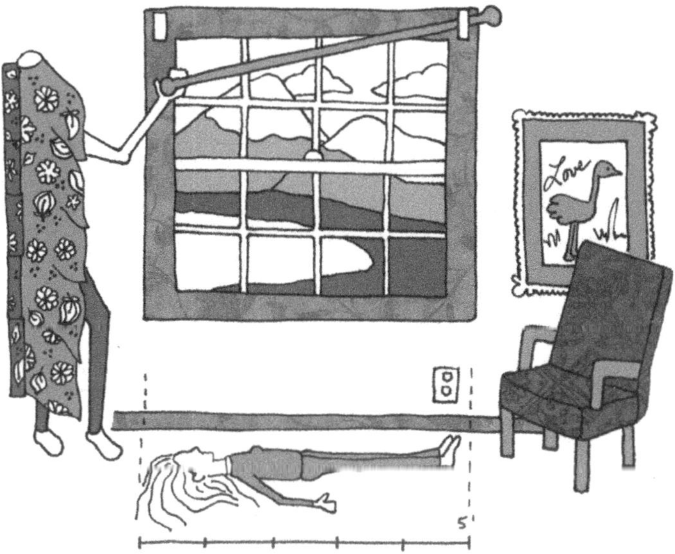

57. Kleine Leute sind ein wunderbarer Meterstab-Ersatz, vor allem wenn man Wohnzimmermöbel umstellen möchte.

58. Das passiert immer noch:

»Engelchen flieg!«

59. Die Musterschuhe in Kaufhäusern passen.

60. Du bist im Allgemeinen viel platzsparender.

61. Da Leute davon ausgehen, dass du »nicht so viel« brauchst, teilen sie gern mit dir.

62. Messe: Kleine Leute kommen umsonst rein,
dürfen aber Alkohol trinken.

63. Kleine Menschen haben schnellere Reaktionszeiten.

64. Du kannst Regale hinaufklettern wie ein Profi.

65. Du wirst seltener vom Blitz getroffen.

66. Wenn du einen Dunk schaffst, wirst du sofort zum Held, so wie Spud Webb oder Teen Wolf.

67. Kleine Frauen sehen einfach hinreißend aus, wenn sie schwanger sind. Es wird schwer werden, jemanden zu finden, der da widerspricht.

68. Es ist viel einfacher, Hosen zu kürzen,
als sie lang zu zaubern.

69. Du bist zwar nicht so gut beim Arschbomben-Wettbewerb, aber der Publikumsliebling: Bei dir werden die Umstehenden nicht nass.

70. Jeder Sitzplatz im Auto bietet
ausreichend Beinfreiheit.

71. Du siehst draufgängerischer aus.

72. Du musst dich nie unter Duschköpfe ducken.

73. Du kannst in deinem eigenen Tempo trinken, weil keiner erwartet, dass du mithältst.

74. Big Hair ist extra big.

Perfekt für Amy-Winehouse-Tribute-Partys.

75. Du hast stärkere Muskeln im Vergleich
zu deinem Gewicht.

76. Du kannst dich im Flugzeug wie eine Katze zusammenrollen und schlafen.

77. Niemand hält die Kleinen für die Schuldigen.

78. Klein zu sein führt automatisch zu
super Anmachsprüchen: »Ich komm leider nicht an
das Toilettenpapier … aber du doch bestimmt.«

79. Größere Menschen sind neidisch,
weil sie sich nicht kleiner machen können,
während du dich größer machen kannst.

80. Du kannst auf dem Bett hüpfen, ohne dir den Kopf an der Decke anzustoßen.

81. Kleine Kleidungsstücke = mehr Platz für Souvenirs.

82. Spielplätze sind schlicht nicht für Basketballspieler gemacht.

83. Du kannst einfach überall im Schneidersitz sitzen.

84. Da früher die Größen kleiner ausfielen, ist deine Vintage-Ausbeute riesig.

85. Du kannst Leute beeindrucken,
wenn du große Dinge trägst. Bonuspunkte,
wenn diese Dinge viel größer sind als du.

86. Dich kann man viel leichter beschützen.

87. Es gibt eine Menge von Spitznamen.
Denk nur an die ganzen VIPs, die mit »Lil« beginnen
oder mit »Smalls« aufhören.

88. Du findest leicht ein »Luxus«-Apartment,
da alle Räume hohe Räume sind.

89. Du musst nicht aufstehen,
wenn Leute im Kino an dir vorbeimöchten.

90. Du siehst süßer und ausgelassener aus,
wenn du auf der Tanzfläche mit den Armen ruderst.

91. Du siehst die Welt aus einem anderen Blickwinkel ...
genauso wie Mutter Teresa.

»Sie ist kämpferisch, obschon so klein«

92. Shakespeare steht auf deine zierliche Figur.

93. Größere Freundinnen sind wie kostenlose Bodyguards.

94. Du kannst dich auf andere stürzen und sicher sein, dass du sie nicht zu Boden wirfst.

Kapitän der
Volleyballmannschaft,
Hauptrolle im
Schultheater,
Klassensprecherin,
Mitglied des
Debattierklubs,
Chefredakteurin der
Schülerzeitung

95. Klein zu sein stärkt die Persönlichkeit.

96. Hotelhandtücher sind tatsächlich
groß genug für dich.

97. Es ist einfacher, mit einem Kind
an der Hand zu gehen.

98. Deine jugendliche Ausstrahlung verblasst nie.

99. Es heißt, wenn man klein ist,
kommt man mit allem durch.

100. Du bist genau so, wie du sein solltest.

Danke!

Wenn du die Seite mit der Danksagung tatsächlich liest, hat dir das Buch wohl wirklich gefallen, oder du hoffst, dich selbst in der Liste zu finden. Was auch zutrifft – diese Seite ist für dich!

Es ist nicht fair, dass nur mein Name auf dem Cover steht, denn es würde gar nicht existieren ohne all die unterstützenden Menschen in meiner Umgebung. Ich habe nichts dafür getan, dass ich diese Hände habe, aber ich bin wirklich froh, dass ich damit zeichnen kann.

Mom und Dad bekommen das größte Stück vom Dankeschön-Kuchen. Ihr beide habt all meine künstlerischen Versuche und Projekte ermuntert, angestupst, mit Freude erwartet und gefeiert. Dad kennt sich super mit Durchhaltevermögen aus so wie Mom mit Kunst.

Danke an Ryan, Candice, Brock und Laura, weil ihr nicht überrascht wart, als ich euch erzählt habe, dass diese Idee wirklich funktionieren könnte. Ein großes Dankeschön an Chad Conine, der mich überhaupt erst in die Gänge gebracht hat, zahlreiche Überarbeitungsdurchläufe überstanden hat und mich jeden Tag aufs Neue ermutigt hat. Danke an Amy Butler für die flammende Aufmunterungsrede (und viele darauffolgende); an Bekah Brown, die die lästigen Arbeiten übernahm und einfach eine wunderbare Freundin ist; an Matthew Genitempo und Jonathan Standefer, die mir das Internet erklärt haben; an Andy Keil, der mich dazu gebracht hat, mich zu beeilen und meine Träume zu verwirklichen; an Beth Nervig für Korrekturen auf Kommando; an meine life group, die alle Höhen und Tiefen miterlebt hat und trotzdem mit mir gefeiert hat; Grace und Karol Land für die aufmunternden und weisen Worte; Madison, Alicia, Caitlin, Hannah und jeder, der mich in den Monaten meines Winterschlafs angerufen hat.

Danke an heißen Tee, Computer, V5-Stifte, Wasserfarbenpapier, Photoshop, Gmail, Dokus, Stühle und Eiskrem. Ohne euch hätte ich es auch nicht geschafft.

Umarmungen und High-Fives für Laurie Abkemeier, die beste Agentin im ganzen Land. Danke dafür, dass du mich mit so einem albernen Projekt vertreten hast. Ich hätte mir keine bessere Zusammenarbeit wünschen können. An meine Lektorin, Kate Napolitano, die ihr Herzblut für jeden einzelnen Korrekturlauf gegeben hat und mit meinen langatmigen E-Mails klargekommen ist. Ich hätte mir nie träumen lassen, dass meine Agentin und meine Lektorin mir so viel kreativen Freiraum lassen würden.

Danke an meine Iowa-Freunde, an die Waco- und Austin-Freunde, meine Familie, Twitter-Follower und Blog-Leser. Ich hätte meinen Traum nie verwirklichen können ohne eure Hilfe, ganz egal, ob groß oder klein (Das war das letzte Wortspiel, versprochen!).

Ich bin unendlich dankbar.

Alle 100 Gründe von A bis Z